A MONSIEUR EMILE DE GIRARDIN

LA
FORCE DE LA PRESSE

PAR

JULES FLEURY

> La vérité est ce qui est.
> BOSSUET.

PARIS

SERRIERE, rue Montmartre, 123 | HENRI PLON, rue Garancière, 8
MICHEL LÉVY FRÈRES | LIBRAIRIE NOUVELLE
RUE VIVIENNE, 2 BIS | BOULEVARD DES ITALIENS

1864

Les observations que je livre au public ont été adressées à M. Émile de Girardin personnellement, à des intervalles différents, selon l'occasion qui les faisait naître. Leur destin était de rester entre lui, publiciste éminent, et moi, chétif, un simple échange de communications intellectuelles provoqué, de sa part, par ses écrits si remarquables, et, de la mienne, par le besoin que j'éprouvais de lui transmettre les réflexions que ses travaux m'inspiraient. Une circonstance, inutile à faire connaître, me détermine à les publier après les avoir coordonnées.

La vérité n'est l'apanage d'aucune individualité si puissante qu'elle soit. De même que la lumière résulte de l'ensemble des rayons solaires, la vérité émerge de l'ensemble des opinions émises et discutées. J'apporte ici mon faible effort sur l'une des questions politiques les plus graves et les plus controversées.

A l'écart où je vis dans une indépendance absolue, j'ai travaillé sans autre préoccupation que la poursuite du vrai. Cette situation exceptionnelle, en dehors de toute nécessité de profession et d'avenir, m'a-t-elle permis de raisonner avec quelque justesse? Il appartient à ceux qui me liront de le décider souverainement.

La presse n'est pas une puissance.

La presse est une force.

La liberté de la presse ne doit pas être une concession isolée : elle doit être le corollaire de réformes préalables, si elle n'est le corollaire d'institutions dont elle complète l'harmonie.

La presse est sortie du domaine de la législation, elle a cessé d'être un droit politique, elle est devenue une faculté, un sens nouveau, une *force* organique du genre humain, son seul levier pour agir sur lui même.

LAMARTINE. *Loi de la presse*, 1835.

Qu'est-ce que raisonner? Locke répond : « C'est la faculté de déduire des vérités inconnues de principes déjà connus. »

Quelle plus grande puissance qu'une telle faculté! C'est la puissance du levier qui ne demande qu'un point d'appui pour soulever le monde. Que la liberté de raisonner soit entière, c'est-à-dire que la liberté de raisonner soit matériellement inviolable, matériellement à l'abri de toute atteinte, et ce droit sera véritablement le Droit, car l'exercice d'aucun autre droit ne pourra plus jamais être ni menacé, ni entravé.

Garantissez-moi l'inviolabilité du droit de raisonner, et je vous garantis non-seulement l'existence ou la conquête de tous les droits qui en découlent; mais encore la destruction de tous les risques, au premier rang desquels je place le retour de tout gouvernement oppressif, la durée de toute gestion publique incapable ou infidèle, l'écart de la force sous quelque nom qu'elle se cache ou sous quelque forme qu'elle se montre.

Nommez donc un abus, si invétéré qu'il soit, qui puisse résister aux coups réitérés du raisonnement, faisant jaillir de ses étincelles la clarté de l'évidence!

ÉMILE DE GIRARDIN. *Le Droit*.

À MONSIEUR ÉMILE DE GIRARDIN

I

Permettez à un humble travailleur, dont le nom est peut-être resté dans votre mémoire, d'intervenir dans le débat que vous avez ouvert sur la presse avec un talent sans égal, et que vous poursuivez avec une persévérance que le temps fortifie et une énergie que la lutte grandit.

Mon but n'est pas de vous opposer une contradiction de parti pris et sans conclusion; mon but est d'essayer de faire sortir quelque clarté d'une controverse de bon aloi.

II

De votre brillante discussion ressort l'irrécusable démonstration que journalistes, public et gouvernement attribuent à la presse un rôle qu'elle ne joue pas, une puissance qu'elle n'a pas, et que, par une sorte de connivence tacite et à contre sens, ils contribuent également à en faire un épouvantail pour un très-grand nombre. Mais en concluant à l'impuissance de la presse vous avez atténué, selon moi, la lumière qui avait jailli de votre discussion, par l'obscurité d'une formule incomplète.

Si par impuissance de la presse vous entendez que les journalistes n'ont pas le pouvoir d'imposer à leur gré, selon la cause qu'ils défendent, telle doctrine plutôt que telle autre, vous avez mille fois raison, et je me range entièrement à votre avis. La puissance des journalistes ressemble assez bien à celle des maris qui s'imaginent être maîtres au logis, lorsqu'ils sont en réalité dominés par leurs femmes. Les journalistes peuvent sans grand dommage se convaincre qu'ils font partager à leurs lecteurs l'opinion qu'il leur plaît d'exprimer ; il n'en restera pas moins absolument vrai qu'ils n'ont d'écho dans l'esprit de ceux qui les lisent que parce que ceux-ci choisissent précisément le journal de leur opinion. Que les journalistes qui en doutent en fassent l'expérience : qu'un journal déserte un camp pour entrer dans un autre, et il mettra à changer d'abonnés ou à perdre ceux qu'il a, juste le temps qu'il faut pour arriver à l'expiration de chaque abonnement. Cela prouve jusqu'à l'évidence qu'un journal, loin d'avoir la puissance de faire l'opinion de ses lecteurs, n'a pour lecteurs que ceux qui trouvent dans ses colonnes leur opinion imprimée.

III

Le journal n'est pour le journaliste qu'un moyen de livrer au public les productions de son esprit, de se mettre en communication avec un nombre plus ou moins grand de personnes ; mais le publiciste a si peu la faculté d'imposer à ses lecteurs sa manière de voir qu'il ne les conserve, comme je viens de le montrer, qu'à la condition de persévérer à écrire dans le sens qui leur convient. Cela est si vrai que les journaux ont une double dénomination :

Un nom qui sert à les distinguer entre eux;

Une qualification qui sert à les classer par opinion et même par nuance d'opinion.

C'est ainsi que tel journal est dit ultramontain, tel autre légitimiste, tel autre orléaniste, tel autre impérialiste, tel autre républicain, et leurs lecteurs respectifs sont ou des ultramontains, ou des légitimistes, ou des orléanistes, ou des impérialistes, ou des républicains. Ce n'est pas le journal qui choisit le lecteur, c'est le lecteur qui choisit le journal.

La *Presse* seule, lorsqu'elle est dans vos mains, ne peut être mise dans aucune catégorie. Ce n'est pas le journal d'une opinion, c'est le journal des questions laborieusement étudiées, profondément creusées, lumineusement discutées, logiquement résolues. Aussi la *Presse* est-elle le journal de tous ceux qui voudraient clore l'ère révolutionnaire, non par des restaurations intéressées, mais par l'amélioration indéfinie des institutions qui nous régissent. La *Presse*, sous votre direction, n'est pas le journal d'un parti borgne ou aveugle ; elle est le journal de la raison démontrée par le raisonnement.

IV

C'est parce que la *Presse*, recevant votre impulsion, n'est le journal d'aucun parti qu'à de certaines heures solennelles elle a conquis un si grand prestige. Il y a seize ans, alors qu'une révolution subite venait de briser un trône et de nous plonger dans l'anarchie, qui ne se souvient de vos efforts presque téméraires pour ramener la confiance et reconstituer un pouvoir régulier ? A ce moment suprême où l'effroi glaçait tous les cœurs, où les intérêts de tous étaient livrés aux plus ardentes convoitises, où Lamartine devait trouver chaque jour un nouveau trait de génie pour apaiser la multitude, sans cesse soulevée par des hommes qui s'acharnaient à perpétuer la tourmente, qui ne se souvient avec quelle sûreté de vue, avec quelle fermeté de main vous traciez la route du salut? Dans cette minute de tremblement général, votre nom était aimé ; on se pressait autour de vous par peur et par besoin de se défendre ! Ai-je besoin de vous dire que pour ceux peut-être qui se serraient alors le plus près de vous, vous n'êtes plus aujourd'hui qu'un utopiste inépuisable, un habile faiseur de paradoxes ? N'ai-je pas entendu soutenir qu'à chaque pas vous vous mettiez, comme à plaisir, en contradiction avec vous-même, et que la plume n'était dans vos doigts qu'un outil vous servant à émettre des conceptions de fantaisie ?

Quelles seraient différentes, ces appréciations, si ceux qui les colportent s'étaient rendu, comme moi, votre génie familier par l'étude de vos innombrables travaux !

Laissez-moi vous dire brièvement, à propos des calomnies dirigées contre vous, ce que je pense de la médisance et de la calomnie, de l'injure et de l'insulte dont la presse se fait trop souvent l'instrument.

V

La médisance et la calomnie ne me paraissent nullement redoutables. Dès qu'on ose les regarder en face, elles s'évanouissent comme des fantômes. Elles ne font trembler que les poltrons qui prennent la peur du mal pour le mal lui-même. Qu'on y songe, et on reconnaîtra que, si la médisance et la calomnie avaient le pouvoir qu'on leur accorde généralement, mais sans réflexion, personne ici-bas ne traverserait en repos un seul jour de son existence. Quel est celui d'entre nous qui, dans un cercle plus ou moins étroit, n'est pas constamment en butte à leurs coups? Nous ne voyons cependant pas qu'elles nous causent un dommage appréciable. Rappelons-nous les circonstances où la médisance et la calomnie nous ont le plus agités, et nous conviendrons que toujours nous avons cédé à une émotion exagérée. A peine le lendemain comprendrions-nous encore l'impression que nous faisaient éprouver la veille des propos déjà presque effacés de notre souvenir. La calomnie découle invariablement de l'envie. Elle est le signe d'une valeur exceptionnelle chez ceux qu'elle poursuit. Plus on est élevé, plus on est calomnié. Est-ce que les hommes qui ont une grande notoriété ne sont pas surtout le point de mire des calomniateurs? Cela les empêche-t-il de monter et de se maintenir au niveau qui leur appartient? Le calomnié qui s'irrite succombe à une faiblesse. Il s'expose à gaspiller ses forces en petites luttes mesquines et inutiles, au lieu de s'affirmer simplement par ses actes, en laissant au temps le soin de lui assigner son rang dans l'opinion des autres. Le calomniateur s'efforce en vain d'amoindrir par ses dénigrements ceux qui sont au-dessus de lui. Aveugle, il ne voit pas qu'il ne manifeste que son impuissance et sa jalousie. Est-ce que le hasard ne se charge pas le plus souvent de confondre le calomniateur et de donner au calomnié un nouveau relief? Il semblerait que la médisance et la calomnie sont les ombres nécessaires de l'humanité, et qu'elles doivent contribuer à mettre en plus grande évidence ceux qui sont vraiment grands. Je crois donc fortement avec vous qu'elles sont plus utiles que nuisibles « à qui sait s'en servir comme de voiles pour prendre le » vent et naviguer, » (1) et je conclus à l'indifférence absolue en matière de médisance et de calomnie. Pensaient de même Mme de Maintenon, Molière et Voltaire, lorsqu'ils écrivaient :

La première :

« On ne triomphe de la calomnie qu'en la dédai-
» gnant. »

Le second :

« Contre la médisance, il n'est point de rempart.
» A tous les sots caquets n'ayons donc nul égard.
» Efforçons-nous de vivre en parfaite innocence,
» Et laissons aux causeurs une pleine licence. »

Le troisième :

« Il faut se résoudre à payer toute sa vie quelque tri-
» but à la calomnie. »

---

(1) Émile de Girardin.

VI

L'homme ne relève que de lui-même. Il s'honore ou se déshonore par ses actes ; il ne peut être ni honoré ni déshonoré par autrui. Les injures et les insultes ne l'abaissent pas plus que les éloges ne l'élèvent. Notre honneur n'est à la merci de qui que ce soit. Il n'appartient à personne de nous numéroter, de nous étiqueter, de nous classer. Qu'importent les distinctions décernées ou le blâme infligé ! Ce qui nous importe, c'est la conscience de notre mérite ou de notre indignité ! Nous sommes ce que nous sommes de par la réalité et non de par une décision si haute qu'elle soit. Les brevets d'honorabilité ne valent pas plus que les brevets de capacité. Également faux, ils sont également nuisibles. Ils égarent notre jugement par des apparences trompeuses. Ils substituent à l'inégalité naturelle et réelle une inégalité factice. Ils sont une des causes qui nous font plus vivement désirer obtenir un titre que le mériter, avoir l'estime des autres que notre propre estime : c'est pourquoi, « au milieu » de tant de philosophie, d'humanité, de politesse et » de maximes sublimes, nous n'avons qu'un extérieur » trompeur et frivole, de l'honneur sans vertu, de la rai- » son sans sagesse, et du plaisir sans bonheur » (1). C'est ce penchant funeste à être plus touchés par ce qu'on pense de nous que par ce que nous en pensons nous-mêmes qui nous rend sensibles à l'insulte. Nous trem-

---

(1) Jean-Jacques Rousseau.

blons devant l'opinion et « nous ne nous contentons
» pas de la vie que nous avons en nous et en notre
» propre être, nous voulons vivre dans l'idée des autres
» d'une vie imaginaire et nous nous efforçons pour cela
» de paraître (1). » La pensée qu'on pourra croire de
nous ce qu'on en dit nous porte à tous les excès. Pour
laver un affront, toutes les extravagances nous paraissent
légitimes, et, voulant montrer que nous ne le méritons pas,
nous faisons tout ce qu'il faut pour nous en rendre dignes.
Au lieu de nous dire simplement que l'insulte ne prouve
que la grossièreté de l'insulteur; qu'elle est une flèche
qui rebondit toujours pour blesser celui qui l'a lancée,
sans atteindre jamais l'insulté ; que la seule arme qu'on
puisse fièrement lui opposer, c'est le dédain ; il nous
faut des réparations, réparations d'honneur ! à coups de
papier timbré devant un tribunal désigné, ou à coups
d'épée sur un terrain convenu ! Une décision judiciaire
ou une goutte de sang nous rend, paraît-il, l'honneur
qu'un mot nous avait enlevé !..... Beaumarchais dit :
« Que les plus coupables sont les moins généreux. » Qui
ne sait que les moins soigneux de leur vertu sont les
plus chatouilleux sur le point d'honneur? En matière
d'injure et d'insulte, je conclus plus énergiquement encore qu'en matière de médisance et de calomnie à l'indifférence absolue. Ni procès, ni duel; silence. Cette
conclusion, qui est la vôtre, vous l'avez tristement pro-
clamée dans un pieux pèlerinage sur la tombe d'Armand
Carrel ! Je me souviens de la douleur que vous faisait
éprouver cette tombe prématurément creusée, je me

---

(1) Pascal.

souviens des regrets publics que vous avez généreusement exprimés !

Ces courtes réflexions sont à destination de ceux qui redoutent la presse à cause des médisances et des calomnies qu'elle répand, des injures et des insultes dont elle se fait complaisamment l'organe. La presse ne vaut que par ce qu'elle contient ; nul est son effet lorsqu'elle ment ; elle ne nuit qu'à elle-même lorsqu'elle calomnie. Ses coups contre les individus ne portent que s'ils sont mérités ; ses coups contre les gouvernements ne laissent de trace que s'ils sont justifiés. En un mot, la presse est aussi impuissante contre les individus honorables que contre les gouvernements irréprochables. Le doute me paraît impossible sur ce point.

VII

Mais si par impuissance de la presse vous entendez que le journalisme, considéré dans son ensemble, n'est susceptible d'exercer aucune action, vous faites sortir la thèse que vous soutenez avec une extrême vigueur, des justes bornes où il fallait la contenir.

Serait-il raisonnable de prétendre que la feuille qu'on appelle un journal, tout imprégnée du labeur de tant d'hommes, répandue chaque jour par la poste sur tous les points du monde, n'ait pas plus de signifiance que la feuille morte tombée d'un arbre quelconque et qu'un vent d'automne emporte au loin ? Autant vaudrait soutenir que l'imprimerie, dont le journalisme est la plus haute expression, n'a exercé aucune influence sur la marche des choses humaines ! Si loin qu'on veuille pousser les limites du raisonnement, personne assurément ne songerait à une pareille conclusion.

Je l'admets pleinement avec vous, le journalisme n'est pas une puissance en ce sens qu'il ne fait pas ce qu'il veut, qu'il n'impose pas son opinion, qu'il ne peut à son gré défendre le pour ou le contre, et qu'il marche fatalement dans la voie que chaque journal s'est tracée une fois pour toutes ; mais les faits et la raison m'obligent également à proclamer qu'il est une *force*, force dont aucun groupe ne pourrait s'emparer exclusivement, force toujours disponible au profit de la société tout entière, force dont l'influence est générale comme l'influence de la vapeur ; mais *force sociale*, car il provoque, chez ceux qui lisent les journaux, le développement de leurs propres idées, car il mûrit pour ainsi dire leur esprit. La lecture des journaux est un travail intellectuel comme un autre, et de même que les exercices physiques développent le corps, les exercices intellectuels développent l'esprit. La presse fait lire beaucoup d'hommes, attirés par la curiosité des choses présentes, qui ne liraient pas du tout s'il n'y avait pas de journaux.

La presse est la plus grande *force* de publicité.

Le journalisme étant une force, faire des lois pour en limiter l'extension par crainte des mauvais journaux, est aussi déraisonnable que le serait la limitation des applications de la vapeur, par crainte des accidents. La presse libre ne serait pas plus redoutable que l'eau qui coule paisiblement à travers les champs qu'elle fertilise. La presse, comme l'eau, ne devient un torrent dévastateur que si on lui oppose inconsidérément des obstacles.

VIII

La presse étant dépourvue de l'attribut de la Puissance : *Faire triompher sa volonté ;* mais ayant incontestablement l'attribut de la Force : *Produire un effet déterminé*, j'en ai conclu qu'elle n'est pas une *puissance*, mais qu'elle est une *force*.

La presse est une force comme la pensée qui enfante les conceptions les plus sublimes et les plus monstrueuses, comme la vapeur qui imprime le mouvement le plus fécond et détermine les plus terribles explosions, comme l'électricité qui met les extrémités du monde en communication instantanée et qui devient, accumulée dans un nuage, la foudre qui tue. Le journal comme le livre est une force. Il est une force mille fois plus grande ; car il est l'instrument le plus parfait d'émission de la pensée, le véhicule le plus rapide des idées, le vulgarisateur le plus complet, le rail-way de l'intelligence ! Le journalisme, définitivement affranchi de toute entrave, serait à l'esprit ce que les becs de gaz multipliés dans les rues sont aux yeux.

La presse est une *force*, car, de même que la lumière montre les objets sans les créer, elle porte à la connaissance de tous les vérités démontrées et les erreurs constatées, sans les inventer. La presse est une *force*, car, de même que le baromètre signale les variations de l'atmosphère sans les produire, elle indique les variations de l'opinion sans l'influencer. La presse est une *force*, car, de même qu'une carte, traçant toutes les routes, est néanmoins pour le voyageur habile le moyen de décou

2

vrir celle qu'il doit suivre, elle est pour un gouvernement vigilant, le moyen de discerner, au milieu de toutes les aspirations qu'elle manifeste, celles qu'on n'étoufferait pas impunément.

L'objection qui consiste à prétendre que la liberté de la presse donnerait naissance à des journaux subversifs, n'est pas une objection sérieuse. Elle serait aussi bien applicable à toute autre manifestation humaine. Nous pouvons abuser de nos mains pour tuer, de la parole pour tromper, de tous nos mouvements pour nuire : s'ensuit-il qu'il faille nous priver de nos mains et nous condamner au mutisme et à l'immobilité ?

« Pauvre liberté de la presse ! — disiez-vous le 21 mars 1849 — On voit les excès qu'elle commet, on oublie les services qu'elle a rendus ! »

IX

La presse, étant une force, ne peut, comme toutes les forces, se développer librement, sans inconvénient pour personne, que dans des conditions déterminées. Pour une société organisée, il serait téméraire d'affirmer *a priori* que la liberté de la presse serait possible sans aucune autre modification. La liberté de la presse n'est compatible qu'avec des institutions qui sont mises en mouvement non par l'impulsion d'un seul, mais par l'impulsion de tous régulièrement communiquée. Dans les sociétés où domine une volonté unique, il me paraît évident que la liberté de la presse, s'exerçant toujours et sans cesse contre un obstacle qu'elle ne pourrait déplacer, finirait par le briser. Je ne prétends pas que la liberté de la presse ne puisse coexsister qu'avec telle ou telle forme de gouvernement rigoureusement dessinée ; je prétends seulement que toute société qui, adoptant le régime de la liberté pour la presse, n'introduirait pas dans ses institutions un indispensable élément mobile, méconnaîtrait les lois de la statique politique et se préparerait les plus cruelles déceptions. La liberté a ses lois comme le despotisme. Jamais on ne fausse impunément la logique des choses. Mieux que personne vous le savez.

Je ne puis donc concevoir la liberté de la presse unie à une forme de gouvernement qui ne la comporte pas. En dehors des conditions qui la rendraient, je ne dirai pas sans danger, mais infiniment utile, elle ne serait que la poudre qu'on accumule à dessein dans une bombe pour la faire éclater. C'est parce que Louis-Philippe ne l'a pas compris suffisamment qu'il a été renversé violemment. Une royauté qui veut *gouverner* ne peut pas plus exister avec la liberté de la presse que l'eau ne peut s'allier au feu. Despotisme entier ou liberté entière. Le despotisme, pour avoir sa grandeur, ne doit pas être estropié ; la liberté, pour être féconde, ne doit pas être mutilée. Les transactions sont fatales à l'un ou à l'autre. C'était l'avis de Montesquieu écrivant :

« Dans une nation libre, il est très-souvent indifférent
» que les particuliers raisonnent bien ou mal ; il suffit
» qu'ils raisonnent. *De là sort la liberté qui garantit des*
» *effets de ces mêmes raisonnements.*

» De même, dans un gouvernement despotique, il est
» également pernicieux qu'on raisonne bien ou mal ; il
» suffit qu'on raisonne pour que le principe du gouver-
» nement soit choqué. »

Vous étiez d'accord avec l'auteur de l'*Esprit des Lois*, lorsque, le 9 août 1848, vous vous exprimiez en ces termes si nets : « Ou la liberté doit être partout, ou elle ne
» doit être nulle part ; quand elle est partout, comme aux
» Etats-Unis, ou quand elle n'est nulle part, comme en
» Russie, le gouvernement est fort parce qu'il est homo-
» gène ; mais quand elle existe capricieusement sur un
» point, et qu'elle n'existe pas également sur un autre,
» le gouvernement est faible et incohérent. Cette inco-
» hérence est la pire des anarchies ; car la plus dange-
» reuse n'est pas l'anarchie dans les rues, mais l'anar-
» chie dans les lois. »

X

Je suis convaincu que sans la presse un mauvais gouvernement ne durerait pas indéfiniment ; mais je suis convaincu qu'il durerait plus longtemps. La presse ne crée pas plus les vices ou les fautes d'un gouvernement que les phares ne créent les écueils dont la mer est parsemée ; mais les phares, en signalant les écueils, sauvent les navires, et la presse, en signalant les vices ou les fautes d'un gouvernement, précipite sa chûte. L'action de la presse est proportionnée à la quantité de vérité qu'elle divulgue, je ne le nie pas ; il s'ensuit, j'y consens, que la force de la presse n'est en définitive que la force de la vérité, mais la vérité ne pouvant produire son effet qu'à la condition d'être révélée, et la presse étant le révélateur le plus rapide et le plus persistant, comment lui refuser une collaboration très-active dans le résultat final? La presse est essentiellement la contradiction, c'est vrai :

mais il est faux de dire que « dix journaux égalent dix journaux; » (1) car, en supposant égalité de talent, il y a bien des chances pour que la vérité soit plus avec les uns qu'avec les autres, et ajoutant la force qui lui appartient à la force des publicistes qui écrivent, elle doit incontestablement assurer le triomphe de ceux avec lesquels elle se trouve. Votre raisonnement serait juste comme raisonnement, si vous n'aviez pas fait ce que vous avez fait, et si vous aviez fait ce que vous n'avez pas fait ; si vous n'aviez pas nettement reconnu *la puissance de la vérité*, et si vous aviez proclamé *l'impuissance de la vérité*, comme vous avez proclamé *l'impuissance de la presse*.

Étant admis que la force de la presse est proportionnée à la quantité de vérité qu'elle contient, il en résulte que le gouvernement qui la redoute fait, par cela même, l'aveu le plus complet de son imperfection. Il prouve qu'il craint davantage la publicité pour les vices qu'il renferme qu'il ne désire les indications qui le guideraient ; qu'il préfère marcher enveloppé de silence et de nuit, plutôt que de laisser chaque jour signaler les écueils qu'il ne veut pas détruire; qu'il a moins peur de l'orage dont il n'entend pas le tonnerre que des modifications opportunes qu'il faudrait réaliser pour détourner la foudre. Il viole ainsi le précepte si sage, inscrit par Louis-Philippe dans une lettre qu'il écrivait à l'évêque de Landaff, le 28 juillet 1804 : « Le moyen de rendre les révolutions plus rares, ce serait de rendre les réformes plus faciles. »

---

(1) Émile de Girardin.

XI

Il me paraît donc que la liberté de la presse, toujours utile aux sociétés, pourrait être nuisible aux gouvernements. La presse, source la plus abondante de renseignements précieux, ne serait jamais un danger pour les sociétés, car elle contient son *correctif*. Sur le vaste champ des intérêts opposés et des opinions contradictoires, les affirmations des uns ont pour contre-poids les négations des autres corroborées par des affirmations différentes, et la victoire est toujours assurée à la vérité relative aux diverses époques de la vie des peuples. Par suite d'une erreur trop commune, beaucoup d'hommes s'imaginent que si la presse était libre elle serait constamment une cause de bouleversement social, et loin de désirer la rupture des liens qui l'entravent, ils les resserreraient inconsidérément s'ils pouvaient. « Il y a, je le sais — écriviez-
» vous, le 9 août 1848 — des gens de l'autre siècle qui
» prétendent que tout gouvernement est impossible avec
» la liberté de la presse, le droit de discussion, la publi-
» cité. Autant vaudrait soutenir qu'il est plus aisé de re-
» connaître son chemin dans l'obscurité de la nuit qu'à
» la clarté du jour. » La presse libre serait une sécurité et non un péril. Elle serait aux sociétés ce que les soupapes de sûreté sont aux machines à vapeur.

« L'État — disait Chateaubriand — peut être troublé
» par ce que disent les journaux ; mais il peut périr par ce
» qu'ils ne disent pas. »

Sans doute la presse, comme la parole, est une cause d'agitation ; mais faudra-t-il enchaîner les vents qui gonflent les voiles et communiquent le mouvement, parce qu'ils peuvent déterminer la tempête ?

« Un peu d'agitation — écrivait Jean-Jacques Rous-
» seau — donne du ressort aux âmes, et ce qui fait vrai-
» ment prospérer l'espèce est moins la paix que la li-
» berté. »

Vous disiez le 23 janvier 1849 : « Nous ne nions pas
» que la liberté n'ait ses périls; mais il faut s'aguerrir
» à la liberté comme pendant des siècles on s'est formé
» à la guerre. »

Quant à moi, je n'hésite pas à répéter ce que disait un palatin de Posnanie dans la diète de Pologne : *Malo periculosam libertatem quam quietum servitium.*

Pour les gouvernements, au contraire, la liberté de la presse serait une cause de renversement inévitable, si, constitués en dehors des lois exigées par la liberté, ils hésitaient à se transformer. Pour que la liberté de la presse ne soit pas plus nuisible aux gouvernements qu'aux sociétés, il faut que leur intérêt disparaisse pour se confondre avec l'intérêt social. Un gouvernement personnel est aussi antipathique à la liberté que l'immobilité est antipathique au mouvement. Il est évident qu'une force agissant perpétuellement contre une autre force doit amener une rupture d'équilibre et la défaite de l'une par l'autre. La liberté de la presse substituée à la servitude de la presse ne peut être rationnellement que l'une des réformes subséquentes dérivant de réformes primordiales; et demander de prime abord à un despote de la concéder, avant de savoir s'il est décidé à modifier suffisamment la forme de son gouvernement, c'est atteler la charrue devant les bœufs, c'est vouloir l'effet avant la cause, c'est se rendre applicable la réflexion suivante de Jean-Jacques Rousseau sur l'abbé de Saint-Pierre : « Quand l'abbé de Saint-Pierre proposait de multiplier » les conseils du roi de France et d'en élire les membres » au scrutin, il ne voyait pas qu'il proposait de changer » la forme du gouvernement. » Pour moi, la liberté de la presse ne me paraît pouvoir entrer chez un peuple que par l'une de ces deux portes :

Sans révolution dans la rue, par une révolution spontanée et radicale du gouvernement ;

Par une révolution dans la rue, qui installerait un gouvernement à l'ombre de la liberté.

XII

Vous repoussez la distinction que j'ai faite entre la *puissance de la presse* et la *force de la presse*, et vous persistez à soutenir qu'elle n'est ni une *puissance*, ni une *force*.

Vous m'opposez le dictionnaire qui par le vague d'une définition nécessairement laconique, donne à ma distinction une apparence de subtilité qui n'était pas dans mon esprit.

Je sais la difficulté, ou plutôt l'impossibilité de caractériser une idée par un mot, et vos objections me prouvent que je n'ai pas donné à ma pensée les éclaircissements nécessaires.

Je reconnais que la presse n'est pas une *puissance* parce qu'elle n'a pas la faculté de faire ce qu'elle veut, de changer à son gré le courant de l'opinion publique, de consolider ou de renverser à son choix un gouvernement:

parce que, enfin, elle n'est pas un *pouvoir irresponsable* à côté du *pouvoir responsable*.

Mais je maintiens que la presse est une *force* parce qu'elle est le vulgarisateur le plus actif, le germinateur le plus rapide, l'instrument le mieux organisé pour faire connaître d'un grand nombre des faits qui, sans elle, ne seraient connus que d'un petit nombre.

Si la presse pouvait, comme l'Empereur, par sa seule volonté, maintenir la paix ou déclarer la guerre, consacrer fructueusement nos ressources au développement de notre prospérité intérieure, ou les employer infructueusement à la conquête de contestables et en tous cas d'inutiles lauriers; si la presse avait le pouvoir qu'elle n'a pas, elle serait une puissance redoutable à tous les gouvernements, et partant incompatible avec toute organisation sociale. La presse n'ayant pas plus la faculté d'imposer les idées qu'elle émet qu'une locomotive n'a la faculté d'imposer la marchandise qu'elle transporte, mais étant le véhicule le plus rapide des *choses morales*, comme une locomotive est le véhicule le plus rapide des *choses palpables;* de même qu'une locomotive elle n'est qu'une *force*, et de même aussi qu'une locomotive ne peut développer sa force, sans dommage pour personne, que dans des conditions soigneusement préparées, la force de la presse ne peut se développer avec un égal avantage pour tous, que dans les sociétés qui ont soigneusement creusé le lit du fleuve Liberté.

La presse, qui n'est pas une puissance, est certainement une force de projection de la pensée; et je soutiens que si l'homme doué de la parole possède une force qui manque au muet, les sociétés douées de la voix de la presse possèdent une force qui manque à celles qui en sont privées.

« La liberté de la presse, disait Siéyès, véritable garant
» du droit individuel et public contre le despotisme du
» pouvoir, censeur des abus dont elle prépare la ruine,
» précurseur des bonnes institutions dont elle hâte l'avè-
» nement, a en cela le même caractère que toutes les
» autres libertés qu'elle est de droit naturel, que la loi
» ne fait que la protéger et ne la donne pas. »

XIII

Je ne dis pas que la presse soit le seul instrument de publicité ; que sans elle, les vices d'un gouvernement resteraient éternellement cachés, qu'une situation mauvaise resterait à jamais voilée ; je dis simplement que la presse est le révélateur le plus rapide, l'accusateur le plus tenace.

Je reconnais que la force de la presse réside tout entière dans les faits qu'elle divulgue, comme la force de la pensée réside toute entière dans la valeur des idées qu'elle conçoit ; mais les faits et les idées ne pouvant produire leur effet que s'ils sont publiés, et la presse étant le porte-voix le plus accompli, il est indubitable que si elle n'est pas *cause première*, elle est au moins *cause seconde* très-énergique.

Je sais bien que la révolution de 1789 s'est faite alors qu'il n'y avait pas de journaux, comme je sais qu'on voyageait avant les chemins de fer ; mais je sais aussi qu'on fait aujourd'hui beaucoup de choses en beaucoup moins de temps qu'autrefois.

Avant les journaux popularisés, il y avait les brochures multipliées ; avant les brochures multipliées, il y avait les livres publiés ; avant les livres publiés, il y avait les manuscrits communiqués ; avant les manuscrits communiqués, il y avait les traditions conservées, comme avant les chemins de fer, il y avait les diligences ; comme avant les routes macadamisées, il y avait les routes effrondrées.

Les mêmes choses ont été faites de tout temps et seront probablement toujours faites ; les moyens d'exécution seuls ont déjà notablement changé et changeront vraisemblablement encore.

L'action de la presse ne serait pas, comme vous le dites, « l'action du tocsin qui signale l'incendie ; » (1) l'action de la presse libre serait, dans les sociétés constituées en dehors des lois de la liberté, celle de la mèche qui allume l'incendie ; et dans les sociétés constituées conformément aux lois de la liberté, celle de la cloche qui avertit du péril, celle de la *prévoyance* qui *prévient* l'incendie.

Si la presse agissait comme le tocsin, elle n'aurait même pas l'utilité de celui-ci, car dans les jours de révolution, incendie des sociétés, l'alarme se répand soudain sans elle et malgré elle.

Je pense sur la presse comme M. Dupin, lorsqu'il disait, le 12 juin 1847 : « Si la liberté de la presse avait
» existé dans l'origine pour l'Algérie, beaucoup de faits
» qui ont été soigneusement dissimulés auraient été
» connus ; beaucoup de faits qu'on a soigneusement al-

---

(1) *Presse* du 29 août 1863.

» térés auraient été rectifiés, beaucoup d'abus dont on
» a joui et dont on s'est prévalu, et qui se sont perpétués
» et étendus, n'auraient peut-être pas pris naissance,
» ou du moins n'auraient pas pu prendre racine dans
» le sol, car le pays eût été informé. »

XIV

A la fin d'un article étincelant vous dites brusquement :
« Le journalisme est un art, il pourrait être la science ! »
J'admets que le journalisme soit un art ; mais pourquoi le journalisme, étant un art, ne serait-il pas en même temps une force ? Est-ce que l'eau, qui est un fluide, n'est pas une force ? Est-ce que la vapeur, qui est un corps aériforme, n'est pas une force ? Est-ce que l'oxigène, qui est un gaz, n'est pas une force ? Pourquoi la peinture, la sculpture, la musique, la presse..... qui sont des arts, ne seraient-elles pas des forces morales, comme l'eau, la vapeur, l'oxigène, qui sont différents chimiquement, sont des forces physiques ? C'est précisément parce que le journalisme est une force et que toute force est utile, qu'il est aussi déraisonnable d'en gêner le développement par peur de ses excès, qu'il serait déraisonnable de défendre d'employer le vent pour faire tourner les moulins, parce qu'il peut les renverser.

Je sais bien que la presse libre, quoiqu'étant une force, ne serait pas plus la cause des révolutions que le tocsin n'est la cause des incendies. Je me borne à dire qu'à l'inverse du tocsin qui atténue les incendies déterminés par le feu, la presse libre contribuerait à faire éclater les révolutions, provoquées par les fautes des gouvernements. Un fruit mûrit plus vite sous une chaleur plus grande : un gouvernement, s'il est mauvais, succombe plus vite sous une lumière plus éclatante. La presse libre éclairerait certainement d'un jour sinistre un gouvernement funeste. Elle serait le tocsin, pour continuer la même image, qui appellerait des bras, non pour le défendre, mais pour le renverser.

Comment, du reste, concilier l'impuissance de la presse que vous proclamez avec la qualification de bourreaux de la Pologne, que vous appliquiez naguère, avec raison, aux journaux qui la trompaient cruellement en lui faisant espérer le concours impossible de la France ? Sans doute ils n'ont pu nous entraîner dans la guerre désastreuse qu'ils voulaient allumer sous l'empire de je ne sais quel vertige ; mais qu'importe ! Que l'effet qu'ils ont produit soit dû à l'évidence des vérités, ou à l'illusion des mensonges qu'ils propageaient, cet effet en est-il moins réel ? Et ceux qui se sont fait tuer renaîtront-ils à la vie parce qu'ils étaient égarés par des espérances trompeuses ?

XV

Le 8 octobre dernier, vous écriviez sous le titre : *L'individu libre dans l'État libre* :

« Il ne faut plus au public que des refrains qu'on lui
» chantonne pour ou contre la guerre, laquelle est na-
» turellement toujours imminente avec tant de canons
» chargés, tant de fusils rayés, tant de vaisseaux cui-
» rassés et tant de JOURNALISTES BELLIQUEUX !

» Les penseurs et les observateurs n'attendent plus
» rien d'aucun des hommes de pouvoir ni d'aucune

» des formes de gouvernement qu'ils ont vues à l'œuvre ;
» ils attendent tout des événements qui s'amassent au-
» dessus de nos têtes, événements qu'*il y aura d'autant*
» *plus de difficulté à diriger et à contenir* qu'IL Y AURA EU
» MOINS DE LIBERTÉ DE LES PRÉVOIR ET DE LES DISCUTER,
» et qu'on aura compté pour rien la pensée, l'étude et
» l'observation. »

Ou je n'ai pas la faculté de comprendre, ou vous reconnaissez formellement par le premier de ces deux passages, que les *journalistes belliqueux* sont une des causes de la perpétuelle imminence de la guerre ; que la guerre est d'autant plus menaçante que le nombre des publicistes qui soufflent dans la trompette guerrière est plus grand. Vous reconnaissez conséquemment que les dangers de guerre s'amoindriraient s'il y avait moins de journaux comme l'*Opinion nationale* et plus de journaux comme la *Presse*.

Par le second passage, vous prétendez « que les événements qui s'amassent au-dessus de nos têtes seront d'autant plus difficiles à diriger et à contenir qu'on aura eu moins de liberté de les prévoir et de les discuter. »
Donc, les événements qui s'amassent au-dessus de nos têtes seraient plus faciles à diriger et à contenir si on avait plus de liberté de les prévoir et de les discuter. Or, la presse étant l'organe le plus parfait de discussion, n'est-il pas évident que si elle était libre elle serait aussi le meilleur instrument de prévoyance ?

Les deux paragraphes précités prouvent jusqu'à l'évidence pour moi que vous *accordez particulièrement* à la presse l'action que vous lui *déniez généralement*.

Si vous avez raison en proclamant *l'impuissance* de la

presse, j'ai tort en proclamant la *force* de la presse. Cependant, lorsque vous parlez incidemment de la presse, je suis constamment de votre avis ; notre désaccord ne se produit que lorsque vous écrivez spécialement pour défendre votre thèse de l'impuissance de la presse. Il faut bien en conclure que l'un de nous manque de logique.

XVI

Je ne soutiens pas que la presse étant libre, l'humanité marcherait d'un pas rapide à la conquête de la vérité absolue ; je soutiens que la liberté existant, chaque idée triompherait à son heure, sans secousse trop violente, et que toute société serait toujours ce qu'elle doit être à chaque minute du temps.

Ainsi, je ne sais pas si la guerre doit disparaître un jour ; mais je sais que j'en désire ardemment la disparition. Donner un avertissement à la *Presse* qui défend la paix (1), et laisser toute liberté à l'*Opinion nationale*, qui demande la guerre, c'est introduire une injustifiable inégalité en faveur de la guerre contre la paix, en faveur de ceux qui pensent comme M. Guéroult contre ceux qui pensent comme vous.

Que M. Guéroult soit libre de rêver pour le bonheur des *autres* les agréments de la charge en douze temps, aucune objection ; mais que vous, vous soyez libre de

---

(1) Avertissement donné à la *Presse*, le 29 septembre 1863, pour un article sur l'insurrection polonaise.

rêver pour le bonheur de *tous,* le règne du raisonnement triomphant du règne de l'égorgement!

Que M. Guéroult soit libre de vouloir l'aggravation progressive des impôts pour forger des armes et perfectionner sans cesse l'art de détruire les hommes et les choses ; qu'il soit libre, confortablement installé dans son cabinet, de ne pas ressentir l'horreur d'un champ de bataille ; qu'il soit libre de chanter la triste gloire des armées et, mollement assis dans son fauteuil, d'être brave devant les périls qu'il ne doit pas affronter ; qu'il soit libre de faire, au coin de son feu, des phrases belliqueuses en faveur des opprimés et de n'avoir aucun souci de la douleur de nos mères que de stupides boulets priveraient de leurs fils ; qu'il soit libre d'étaler, à l'abri de tout risque, sa sensiblerie pour les Polonais et d'être impitoyable pour les Français, rien de mieux ; mais que vous, vous soyez libre de montrer les avantages de budgets moins lourds, de dire la prospérité que fait naître la paix, d'énumérer les richesses qui résulteraient de dépenses appliquées à la production au lieu d'être appliquées à la destruction, de redouter les désastres d'une guerre pour aider une ambitieuse aristocratie à reconquérir les prérogatives supprimées d'une féodalité qu'elle voudrait restaurer !

Est-ce à dire qu'avec la liberté la paix serait éternelle? Je l'ignore. Je prétends seulement que toute inégalité ayant disparu entre l'opinion pacifique et l'opinion belliqueuse, satisfaction serait donnée à tous dans la mesure du possible.

C'est pourquoi les meilleures institutions seraient celles où chaque résolution adoptée s'approcherait le plus près de la résultante de toutes les opinions. Pour atteindre ce but, l'unité de collége électoral pour toute la France que vous avez proposée serait sans contredit le moyen le plus sûr.

XVII

J'en conviens, entre la *puissance de la presse* et la *force de la presse*, la différence n'est pas telle qu'elle puisse saisir tous les esprits ; mais la différence entre le vert et le bleu est-elle contestable parce qu'elle échappe à certains yeux ?

Vaine serait l'entreprise qui voudrait nettement tracer la ligne droite qui sépare la liberté de la licence : la liberté réalisée serait cependant le pôle opposé de la licence pratiquée.

Ainsi que la mer, la liberté aurait ses heures de trouble.

Comme la charrue déchire de temps en temps la terre pour la féconder, la liberté agiterait de temps en temps l'humanité pour la régénérer.

Par la liberté prolongée, l'homme se développerait complètement.

Par la licence perpétuée, toute société se désorganiserait profondément, comme par la tempête éternisée, tout navire échouerait infailliblement.

Qu'on se rassure.

La licence durable n'est pas plus possible pour les sociétés que la tempête durable pour la mer.

Les tourmentes du peuple s'apaiseraient d'elles-mêmes, comme les tourmentes de l'océan.

Plus elles seraient fréquentes, moins elles seraient violentes.

Après un jour de fatigue, ce qu'il faut redouter pour un peuple comme pour un homme, ce n'est pas une ardeur excessive, c'est un repos funeste.

La presse, voix qui va tinter aux oreilles de tous, serait aux sociétés le réveille-matin qui les arracherait au sommeil.

« La presse — dit M. Thiers, dans son *Histoire de la*
» *Révolution* — peut être illimitée sans danger. Il n'y a
» que le vrai de redoutable : le faux est impuissant ; plus
» il s'exagère, plus il s'use. Il n'y a pas de gouvernement
» qui ait péri par le mensonge. »

Napoléon Ier, éclairé par l'adversité, pensait comme M. Thiers : « Des discussions — disait-il pendant les Cent
» Jours — des élections libres, des ministres responsa-
» bles, la liberté de la presse, je veux tout cela : LA
» LIBERTÉ DE LA PRESSE SURTOUT ; l'étouffer est absurde,
» je suis convaincu sur cet article. »

Je le répète, avec une conviction qui déborde en moi, la presse libre, loin d'être redoutable aux sociétés, leur serait largement profitable. Elle serait le sillon incessamment creusé par tous ceux qui ont une idée à émettre, un progrès à proposer ; elle serait la terre sans cesse fouillée, retournée, ensemencée, par tous les laboureurs de la pensée ; elle serait la vérité jaillissant d'une contradiction sans entrave ; elle serait finalement la possibilité pour tous de juger pièces en main, et de *résumer* impartialement tout débat ouvert dans les grandes *assises* de l'intelligence !

Mais, je le répète aussi avec une égale conviction, la

presse libre serait contre un gouvernement qui aurait un intérêt à défendre l'engin le plus formidable de destruction. Je le dis donc sans hésiter, le despote à tous les degrés qui voudrait concéder isolément la liberté de la presse, forgerait de ses propres mains l'instrument qui le renverserait.

Si chère que me soit la liberté, je lui préfère la sincérité, et malgré la vivacité de mon désir d'en saluer l'avénement parmi nous, je résiste à toute illusion décevante !

XVIII

L'action de la presse n'est pas instantanée. Elle est lente, mais continue ; insensible pour une minute donnée, mais visible pour l'observateur attentif qui analyse les faits accomplis ; et quelle que soit l'impossibilité d'en préciser la mesure, de déterminer les circonstances dans lesquelles elle agit, d'indiquer mathématiquement la forme qu'elle revêt, le mode qui lui est propre, le lieu et le temps où elle se manifeste, je ne puis douter de sa réalité.

Jamais l'effet produit par la presse n'est immédiat ni en rapport direct avec une cause isolée ; mais niera-t-on la force des vagues parce qu'elles accomplissent leurs ravages imperceptiblement ? De ce que le lendemain du jour où vous avez publié l'un de vos articles les plus mûrement pensés, les plus laborieusement étudiés, les plus sérieusement écrits, rien ne semble modifié, il ne serait pas plus juste d'en conclure que vos paroles se sont perdues dans le vide comme une voix sans écho, qu'il ne serait juste d'affirmer que le pollen lancé par le vent n'est pas allé, près ou loin, accomplir l'œuvre de fécondation. La presse est à la pensée ce que le vent est au pollen, elle l'emporte à travers l'espace pour la déposer dans un calice où elle fera sa germination.

Le contester est inhabile. Emettre des idées est une satisfaction; les faire triompher une satisfaction plus grande; la presse dans son *expression* est un *art*, et le but de l'art est de séduire. On ne séduit que par la mesure. Les affirmations excessives étouffent l'idée juste au lieu de la faire briller, comme l'eau trop abondante inonde et détruit au lieu de fertiliser.

« L'excès même de la raison — dit Montesquieu —
» n'est pas toujours désirable, et les hommes s'accommo-
» dent presque toujours mieux des milieux que des extré-
» mités.»

XIX

Qui prétendrait que la *Vie de Jésus* par M. Renan, — livre qui a été vivement critiqué parce qu'il verse trop d'idéal sur la personne de Jésus;

Livre que j'admire sans réserve, parce qu'en dépouillant respectueusement Jésus de son caractère divin, il lui laisse franchement son caractère d'homme extraordinaire — qui prétendrait que le livre de M. Renan n'aura aucune portée?

Il est évident que si Jésus était Dieu, le livre de M. Renan ne vaudrait pas plus que cette fantaisie qui démontrait que Napoléon Ier est un mythe, et que tout le monde a lue; l'incontestable action qu'il exercera sera due d'abord à la vérité qu'il expose, ensuite à l'aspect qu'il lui donne. L'auteur de la *Vie de Jésus* l'a parfaitement compris, et au lieu d'écrire comme un blasphémateur qui aurait indigné, il a écrit comme un narrateur qui sait charmer. S'il fallait une preuve de la justesse de la note qu'il a fait vibrer, on la trouverait dans la fureur qui anime tous ceux qui ont dans l'esprit plus de foi que de lumière, plus de crédulité que de perspicacité, plus de chimères dangereuses que de réalités utiles ;

On la trouverait dans la fureur qui anime le clergé tout entier, depuis le Saint-Père qui administre pitoyablement un petit état, jusqu'au simple vicaire qui vit maigrement d'un salaire insuffisant ;

On la trouverait dans la fureur qui anime la légion tout entière des dévots, depuis le marguillier qui porte gravement un cierge dans les processions, jusqu'au simple bedeau qui change insoucieusement l'eau sanctifiée dans le marbre des bénitiers.

Est-ce à dire que les pape, archevêques, évêques, curés, vicaires et autres saints hommes de toutes paroisses et de toutes dignités, portant la tiare ou mitrés, crossés, tonsurés et non tonsurés, agissent intelligemment en accablant M. Renan d'injures et son livre d'anathèmes ? Non, certes ! Le bruit qu'ils font, loin de nuire, est utile à l'auteur de la *Vie de Jésus*. Leurs invectives lui font comme un piédestal ! Que de gens qui connaissent son livre ne l'auraient pas connu sans les prédications, mandements, instructions, conseils, tous pleins de rage, sous prétexte d'amour du Christ, de Dieu, du Saint-Esprit, de la sainte Vierge, et surtout de la charité ! Comment ne comprennent-ils pas que si Jésus est dieu, il n'a nul besoin pour le prouver de leurs misérables efforts et que leurs clameurs nuisent infiniment à la cause qu'ils défendent? Ils montrent une fois de plus qu'on peut, comme M. Renan, être possédé du démon et se porter passablement. Mieux inspirés, ils auraient laissé Satan dans les tables tournantes où il s'est réfugié récemment, et comprenant que la voix gonflée des prédicateurs est pour l'auteur de la *Vie de Jésus* la trompette retentissante de la renommée, ils auraient gardé le silence que le bon sens leur imposait.

Ce langage ne m'est pas inspiré par un sentiment d'hostilité contre les adversaires de M. Renan. — Je n'en éprouve aucun. — Je constate vivement qu'ils compromettent maladroitement la cause qu'ils veulent servir; mais si je ne suis pas du côté de ceux qui considèrent la religion comme une arche sainte à laquelle on ne peut toucher sans profanation, je suis moins encore du côté de ceux qui n'admettent pas qu'on pense autrement qu'eux.

Quelle sera la part d'influence du livre de M. Renan? Il n'est pas plus possible de le déterminer qu'il n'est possible, quand un voyage est accompli, d'indiquer le point de l'espace traversé qui a le plus servi à l'achever; qu'il n'est possible, lorsqu'un édifice est élevé, d'indiquer quelle pierre superposée à le plus servi à le terminer.

XX

Reconnaissant l'impossibilité de préciser l'influence qu'exercera le livre de M. Renan, j'ai cependant la certitude qu'il ne sera pas étranger à la transformation de nos croyances. S'il en était autrement, il faudrait nier l'influence de la pensée communiquée par les écrits, conséquemment l'influence de la pensée communiquée par la parole, et on arriverait ainsi, par une suite de négations, à une conclusion puérile que je ne formule pas.

Que le triomphe du christianisme soit principalement l'œuvre des martyrs, comme vous l'avez écrit dans une lettre récente au *Courrier du Havre*, je ne veux pas le contester; mais n'est-il pas évident que si Jésus n'avait pas charmé, par les séductions de sa parole, ceux qui le suivaient et l'écoutaient, il n'aurait pas produit ces ivresses de spiritualisme qui faisaient les martyrs?

Je crois sans peine que l'empreinte laissée par Jésus sur la terre eût été moins profonde si, faiblissant au dernier moment, il n'avait pas affirmé par sa mort la mission qu'il s'attribuait; mais s'il s'était borné à mourir sur une croix, sans faire précéder son supplice des prédications multipliées qui éveillaient vaguement dans l'âme de ceux qui l'entendaient des idées et des aspirations nouvelles, qui devinrent peu à peu pour ses disciples un corps de doctrines qui les rattachait les uns aux autres, n'est-il pas évident que jamais peut-être le christianisme, qui agita si profondément l'humanité, n'aurait fait dans le monde son immense apparition?

Admettre, comme vous le faites dans la lettre précitée, la puissance du martyre, parce que vous admettez « la puissance de la pensée faite acte, » et nier l'influence des écrits et de la parole, c'est tomber à mes yeux dans la plus flagrante inconséquence. Si le martyre est un acte, mais un acte suprême! est-ce que la communication réitérée de la pensée par la parole, ou tous écrits quelconques, n'est pas un acte? Le martyre, l'écrit, la parole sont tous également des actes, actes plus ou moins énergiques, agissant à des degrés divers, mais dont on ne saurait méconnaître l'action respective sans se perdre dans les inextricables détours de contradictions sans fin.

XXI

Plus je réfléchis et plus je suis convaincu que la presse libre exercerait une action. La liberté de la presse étant une des libertés dont le faisceau constitue la liberté, si elle était stérile, il faudrait en conclure que la liberté elle-même est stérile. Tout autre est ma conclusion. Je crois que le champ de la liberté est le champ le plus fécond que l'homme puisse défricher. Toutes les entraves qui la diminuent gênent l'activité humaine et sont comme les broussailles qui empêchent les moissons de germer. L'homme ne peut se manifester complétement que là où elle règne entièrement. L'arbre ne peut se placer de lui-même dans les conditions où il produirait les meilleurs fruits ; l'homme, au contraire, ayant la faculté de chercher les conditions d'existence les mieux appropriées à son être, anéantir ou seulement diminuer cette faculté, est aussi nuisible en fait qu'injustifiable en droit. La société étant faite pour l'individu, toute sa mission devrait consister à assurer la liberté de tous et de chacun. Conséquemment, une société rationnelle ne comporterait :

Ni examens imposés ;
Ni diplômes octroyés ;
Ni priviléges concédés ;

Ni monopoles organisés ;
Ni mariage réglementé ;
Ni lois positives.

Le concours loyal remplacerait l'examen légal ;

L'homme individualisé par une œuvre spéciale serait substitué à l'homme généralisé par une étiquette banale, appelée diplôme ;

Le plus fort réellement resterait le plus fort socialement ;

La concurrence serait substituée à l'omnipotence ;

L'union volontaire serait substituée au mariage arbitraire ;

Les conventions constatées remplaceraient les lois appliquées.

XXII

Telle devrait être une société civilisée. La liberté d'écrire dans un journal serait aussi respectée que la liberté de marcher dans la rue. L'homme serait ce qu'il doit être. La hauteur des intelligences ne serait pas plus faussée que la taille des corps. Les supériorités artificielles cesseraient d'étouffer les supériorités réelles. Toutes les carrières seraient accessibles à tous. Au règne des courtisans succéderait le règne des intelligents. Les plus grands et non les plus complaisants seraient les premiers. L'esprit de rivalité bannirait l'esprit de servilité. Le talent gagnerait tout ce que la faveur perdrait. L'autorité qui *impose* serait détrônée par la vérité qui *s'impose*.

Serait close l'ère de la guerre qui détruit ; serait éclose

l'ère de la paix qui vivifie. Au lieu d'échanger des boulets, on échangerait des arguments. On songerait moins à vaincre, plus à convaincre. Moins on se servirait du fusil, plus on se servirait de sa raison. Diminuerait le nombre des casernes où l'homme s'habitue à l'oisiveté ; diminuerait le nombre des églises où l'homme s'habitue à s'effacer : augmenterait le nombre des écoles où l'homme apprendrait à s'éclairer. Moins on écouterait le prêtre qui *affirme*, plus on écouterait le professeur qui *démontre*. La foi qui égare fuirait devant la raison qui dirige. Moins on compterait sur Dieu, plus on compterait sur soi; moins on regarderait haut, mieux on verrait ; moins on séparerait les effets de leurs causes, les causes de leurs effets, mieux on en saisirait le rapport.

Mais cette société dont vous avez merveilleusement exposé les rouages si simples dans *la Politique universelle*, cette société que j'entrevois par la pensée, combien de siècles encore ne sera-t-elle qu'un pur idéal ?

XXIII

Détournant mes regards des évolutions d'un avenir incertain, et rentrant dans les faits qui se déroulent sous mes yeux, je vois distinctement la liberté de la presse comme une cause de prospérité et de sécurité, ou comme une cause de révolution, selon la solution affirmative ou négative des questions suivantes :

Avons-nous cessé d'être plus ou moins les sujets d'un maître ? La France est-elle simplement administrée au lieu d'être gouvernée ? Tout antagonisme a-t-il disparu entre l'intérêt d'un seul et l'intérêt de tous, entre l'intérêt du trône et l'intérêt du pays? Les modifications nécessaires pour que la liberté ne puisse lui être funeste, l'empereur Napoléon III veut-il les réaliser? Est-il décidé à dépouiller sa couronne des prérogatives qu'il ne pourrait garder, à abandonner de la gestion publique ce qu'il devrait rendre? Consent-il à recevoir l'impulsion au lieu de la communiquer, à renoncer à l'autorité incompatible avec la liberté? Lui convient-il enfin d'introduire spontanément dans son gouvernement l'indispensable élément mobile que la liberté pourrait déplacer, qu'elle ne devrait pas briser ?

Telles sont les questions qu'il faut résoudre.

Tranchées affirmativement, la liberté de la presse ne serait qu'une des branches chargées de fruits de l'arbre fécond de la liberté.

Tranchées négativement, la liberté de la presse, si elle n'était une *impossibilité*, serait l'instrument le plus parfait, tiré de l'arsenal de la liberté, pour renverser le gouvernement.

L'expérience est le véritable creuset des théories. Lorsqu'on ne peut faire que des hypothèses, il faut au moins les extraire des entrailles des faits. Je viens de m'y appliquer brièvement.

XXIV

La liberté de la presse doit être logiquement le faîte et non la base de l'édifice gouvernemental. Si l'empereur de toutes les Russies, avant d'avoir pris la résolu tion d'accomplir *spontanément* toutes les modifications nécessaires, concédait la liberté de la presse, il agirait comme l'imprudent qui romprait la digue qui le protége contre une submersion inévitable. Il faut que la liberté de la presse soit le corollaire de réformes préalables ou d'institutions dont elle complète l'harmonie. Elle est incompatible avec le despotisme de forme et de fait, ou de fait seulement.

Si prestigieux que soit votre talent, vous ne ferez naître aucune illusion. Vous n'ébranlerez pas l'inébranlable croyance que la liberté de la presse placerait le gouvernement dans la nécessité de se modifier jusque dans son essence, sous peine d'engager une lutte où il succomberait infailliblement, s'il ne parvenait à enchaîner de nouveau la liberté !

Je ne raisonne pas pour épaissir le voile qui couvre la vérité ; je raisonne pour m'efforcer de le rendre plus transparent. Je repousse donc toute argumentation qui donnerait ouverture à la moindre équivoque, et je pose hautement le problème de la presse dans les termes qui lui appartiennent réellement :

L'intérêt des gouvernants et l'intérêt des gouvernés, ou plus justement, l'intérêt des administrants et l'intérêt des administrés sont-ils confondus de manière qu'il n'y ait qu'un intérêt unique : l'intérêt social ? La liberté de la presse sera un bienfait pour tous.

L'intérêt des gouvernants et l'intérêt des gouvernés sont-ils distincts (je ne dis pas opposés), en ce sens que les gouvernants se préoccupent de leur propre conservation et songent à se défendre ? La liberté de la presse serait incontestablement une cause de révolution.

Faisant application de ces raisonnements à la France actuelle, je pose et je résous explicitement la question suivante déjà implicitement posée et résolue plus haut :

L'empereur Napoléon III doit-il concéder la liberté de la presse ? Oui, s'il est résolu d'introduire dans nos institutions les modifications qu'exigerait la liberté ; non, s'il ne veut pas changer la forme de son gouvernement ou s'il ne veut pas la changer suffisamment.

Il est à propos de transcrire ici les lignes suivantes de Machiavel, ce maître en l'art de gouverner : « Sur toutes
» choses, le prince doit se conduire envers ses sujets de
» telle manière, qu'on ne le voie point varier selon les
» circonstances bonnes ou mauvaises. S'il attend d'être
» contraint par la nécessité à faire le mal ou le bien, il
» arrivera ou qu'il ne sera plus à temps pour faire le
» mal, ou que le bien qu'il fera ne lui profitera point ;
» car on le croira fait par force, et on ne lui en saura au-
» cun gré. »

C'est l'oubli de ces conseils qui a fait tant de fois retentir les voûtes des palais de ces deux mots lugubres : Trop tard !

XXV

Sur les flots éblouissants de la pensée, vous m'apparaissez comme le navigateur le plus intrépide. Obscur passager à bord du navire dont vous êtes l'incomparable pilote, je vogue avec vous sans trembler, et si hautes que soient les vagues soulevées par le souffle puissant de votre esprit, elles ne me causent aucun effroi. Toujours captivé par le magique éclat de leurs étincelles, par la merveilleuse souplesse de leurs bonds, par la grandiose harmonie de leur ensemble, elles ne me troublent pas.

Je les contemple d'un œil tranquille, et je les interroge froidement. C'est ainsi que, par une observation prolongée, j'ai compris que vous aviez quelque peu dévié de la route qu'il fallait suivre pour atteindre le but vers lequel vous cinglez.

Échappant à la lassitude inévitable, au découragement momentané, à l'ardeur fiévreuse d'une polémique incessante, j'ai peut-être raisonné avec quelque précision. Cette considération m'inspire le courage de persévérer dans la contradiction que je vous oppose. Je maintiens donc contre vous :

Que la presse est aussi redoutable aux gouvernements malfaisants que la lumière aux malfaiteurs ;

Que « la publicité pénale, » par vous si soigneusement organisée comme le meilleur préservatif social contre les attentats des individus, est aussi le meilleur préservatif social contre les attentats des gouvernements ;

Que la substitution de la liberté de la presse à la servitude de la presse doit être un effet et non une cause ;

Que dans les sociétés où existent l'intérêt des souverains et l'intérêt des peuples, la presse, utile à celui-ci, serait nuisible à celui-là ;

Qu'un gouvernement ne peut vivre avec la liberté de la presse qu'à la condition d'être impersonnel ;

Que pour un gouvernement qui n'aurait pas spontanément et préalablement réalisé les réformes nécessaires, l'octroi de la liberté de la presse serait une inconséquence qui lui serait rapidement funeste ;

Que la liberté de la presse, enfin, ne peut s'adapter à toutes les institutions.

Paris.—Imprimerie. Fonderie. Clicherie SERRIERE et Cⁱᵉ. 123. rue Montmartre.

www.ingramcontent.com/pod-product-compliance
Lightning Source LLC
Chambersburg PA
CBHW060938050426
42453CB00009B/1065